W0062929

Une pharmacie spirituelle

DU MÊME AUTEUR
AUX ÉDITIONS SALVATOR

Sortir des difficultés quotidiennes, 2005.

Vous êtes une bénédiction, 2006.

Diriger les hommes, les éveiller à la vie, 2006.

À chaque jour sa bénédiction, 2007.

Ouvre grand mon cœur, 2007.

Retrouver en soi la source de la joie, 2007.

Accomplir son humanité, 2008.

Les Huit Secrets du bonheur, 2008, nouvelle édition 2010.

Petit Livre du bonheur véritable, 2008.

Petit Livre de la vie réussie, 2008.

À la source de la force intérieure, 2009.

Que dois-je faire? Face aux difficultés de la vie quotidienne, 2009.

Quand je crie, réponds-moi. Les Psaumes dans ma vie, 2010.

Petit Livre des anges, 2010.

La Mystique, 2010.

Ce qui entretient l'amour, 2011.

Jésus thérapeute, 2011.

Jeûner avec le corps et l'esprit (avec P. Müller), 2012.

ANSELM GRÜN

Une pharmacie spirituelle pour toutes les situations

Traduit de l'allemand par
Marie-Lys Wilwerth-Guitard

SALVATOR
103, rue Notre-Dame-des-Champs
F-75006 Paris

Édition originale :
Anselm Grün, DIE SPIRITUELLE HAUSAPOTHEKE
© Vier-Türme GmbG, Verlag, Münsterschwarzah, 2013
www.vier-turone-verlage.de

Traduction française :
© **Éditions Salvator, 2014**
Yves Briend Éditeur, SA
103 rue Notre-Dame-des-Champs F-75006 Paris
www.editions-salvator.com
contact@editions-salvator.com

Maquette intérieure : Atlant'Communication
Maquette de couverture : Isabelle de Senilhes

ISBN : 978-2-7067-1170-1

Tous droits réservés pour tous pays.

Introduction

En analysant très scrupuleusement leurs pensées, les premiers moines ont découvert que l'homme, en dépit d'une vie et d'expériences spirituelles intenses, est très souvent aux prises avec des pensées fort profanes : à commencer par les trois vices principaux que sont le besoin permanent de manger (gloutonnerie), les fantasmes sexuels (luxure), et l'obsession de l'argent (cupidité) ; ensuite les trois émotions que sont la tristesse, la colère et l'acédie ; et enfin les deux vices spirituels de la vaine gloire et de l'orgueil. Et si nous nous observons nous-mêmes bien attentivement, nous nous rendons compte que nous sommes, nous aussi, assaillis par ces mêmes pensées.

Il n'est pas question pour les moines de s'imposer la pression de n'avoir en tête que des pensées pieuses. Ils remarquent simplement, avec un certain humour, que malgré tous ses efforts, l'homme ne peut échapper au fait que d'autres tentations le hantent. Ils cherchent alors, dans les Écritures, une citation qu'ils choisissent avec un clin d'œil humoristique et sans trop raisonner, mais en la confrontant simplement à leurs propres tentations. Cette parole va alors les démasquer, les transformer, et nous faire entrer en contact avec l'autre pôle de notre âme. Chacun de nous a en effet deux pôles en lui : la peur et la confiance ; l'amour et l'agressivité ; la discipline et l'indiscipline ; la piété et l'impiété ; le sacré et le profane. En intégrant les paroles de la Bible dans nos pensées négatives, nous entrons en contact avec la confiance, l'amour, la force, le sacré que nous avons déjà en nous, même si, à ce moment, ce sont les pensées profanes qui s'affirment aussi fortement.

La méthode antirrhétique, c'est-à-dire l'analyse des tentations auxquelles l'homme doit faire face, que le moine psychologue Évagre le Pontique (345-399) a présentée dans son traité *Antirrhetikon*, n'a rien à voir avec celle du pouvoir de la pensée positive telle qu'elle est pratiquée en Amérique, laquelle consiste à rejeter violemment toute pensée négative et à la remplacer par une pensée positive – un processus qui contraint à ne penser que de manière positive, ce qui est contraire à la réalité. L'échec est fréquent, car le pôle négatif, qui se traduit souvent par la dépression, se manifeste alors avec force.

Les moines sont en cela plus réalistes et plus humains. Pour eux, les pensées négatives ont droit de cité et ils ne les refoulent pas. Mais ils leur opposent une citation de la Bible et la force bienfaisante de la parole de Dieu va faire contrepoids à l'effet néfaste de la pensée. Selon Évagre, nous partageons pour ainsi dire notre âme en deux, comme il est dit au Psaume 42,5 : « Pourquoi t'effondrer, mon âme, et gémir en moi ? Espère en Dieu, car de nouveau je le célébrerai. » Nous nous tournons vers le côté affligé de notre âme pour nous réconcilier avec elle. Mais nous connaissons aussi son côté confiant et fort, et c'est avec lui que les mots de la Bible nous font entrer en contact.

Ce faisant, Évagre se réfère à Jésus lui-même, à qui, lors de la Tentation, Satan suggère certaines paroles pour l'inciter à montrer aux hommes sa puissance et sa grandeur. Aux paroles négatives du tentateur – qui va jusqu'à fausser les paroles bibliques en leur donnant un sens tout personnel –, Jésus oppose des paroles de l'Écriture qui retirent tout pouvoir à celles de Satan. Mais Jésus lui aussi connaît la tentation, cette tentation qu'il nous faut affronter sans cesse. Nous devons compter avec elle et ne pas avoir l'arrogance d'imaginer que puisque notre spiritualité est solide et que nous sommes capables de penser positivement, nous n'avons plus aucun problème avec les modèles de pensée négative.

Les moines, s'ils sont réalistes, ne sont pas moins humains et n'exigent pas de nous des choses démesurées. Ils savent que des pensées insensées, parfois même pénibles, surgissent en nous, dont nous avons honte, et qu'il en est ainsi. Et il faut de l'humilité et de l'humour pour les affronter. Nous aimerions bien mieux nous entretenir de nos expériences et de nos progrès psychologiques ou spirituels. Néanmoins, nous ne sommes pas livrés aux pensées négatives : avec la Bible, Dieu nous offre un manuel de guérison qui comporte des mots parfaitement adaptés à nos pensées chaotiques, qui peuvent les transformer lentement dès lors que nous les leur opposons.

Les pensées qu'Évagre dit malfaisantes ne correspondent pas toujours à notre expérience et à notre langage. Mais si nous les transposons dans notre monde, nous remarquons alors que les nôtres ne sont pas si éloignées de celles qu'il mentionne. Dans le présent livre, nous tentons de traduire le langage d'Évagre dans notre langue d'aujourd'hui, afin de montrer comme est toujours actuelle cette très ancienne méthode qu'est la méthode antirrhétique.

Nous espérons ainsi que cette « pharmacie domestique » saura vous accompagner dans la gestion de vos pensées et de vos sentiments négatifs. Ne vous jugez pas, ne les jaugez pas ; opposez-leur simplement les paroles de sérénité, d'humour et de confiance que vous conseille Évagre. Vous verrez alors se transformer votre pensée, votre ressenti et

la perception que vous avez de vous-même.
Prenez plaisir à vous y entraîner !

P. Anselm GRÜN
Münsterschwarzach, automne 2012

« L'homme
est ce qu'il mange »

Ludwig Feuerbach

LA GLOUTONNERIE

La barre de chocolat l'après-midi pour assouvir une petite faim

Antirrhétique 1,7
Pour lutter contre la pensée qui me pousse à la gloutonnerie, manger à la neuvième heure :

Qu'ainsi me fasse Dieu et pis encore, si je goûte du pain ou quoi que ce soit avant le coucher du soleil !
2 Samuel 3,35

Une sensation de faim s'empare parfois de nous la journée, qu'il nous faut assouvir coûte que coûte, pensons-nous, en attrapant une barre de chocolat ou ce qui nous tombe sous la main. Ou bien en plein travail, nous sommes interrompus par une envie de sucrerie qu'il nous faut satisfaire pour pouvoir continuer. Ne sommes-nous pas en droit de nous accorder un petit quelque chose alors que nous travaillons tant ? Mais si nous montons sur la balance de temps à autre, nous pestons contre ces petits en-cas. Dans cette situation, la suggestion explicite ci-dessus pourrait nous aider : je ne mangerai pas avant le coucher du soleil. Si nous ne nous nourrissons pas à des heures fixes, nous risquons de picorer sans cesse pour tromper notre ennui.

***

Lorsque le placard à provisions est vide...

Antirrhétique 1,8
Pour lutter contre la pensée que me cause le souci de manquer de pain, d'huile et d'autres ingrédients dont j'ai envie :

Cruche de farine ne s'épuisera, ni jarre d'huile ne se videra. Jusqu'au jour où YHWH enverra de la pluie sur la face du sol.
1 Rois 17,14

Quelle est la femme qui ne s'énerve pas de toujours trop remplir son Caddie, par peur de manquer au cas où... et de constater ensuite que bien des denrées s'abîment et doivent être jetées ? Elle se dit chaque fois qu'elle va en acheter moins, mais elle n'y arrive pas. Peut-être la méthode d'Évagre pourrait-elle l'aider ? Il nous rappelle en effet le conseil prodigué par le prophète Élie à la veuve de Sarepta qui redoute de ne pas avoir assez de farine et d'huile. Je n'ai pas besoin de remplir mon réfrigérateur à ras bord : je trouverai toujours de quoi apaiser ma faim.

Lorsqu'on attrape le sachet de chips.

Antirrhétique 1,14

Pour lutter contre les pensées qui s'empa-rent de moi: ne t'impose pas une vie si rude et n'use pas ton corps fragile par un jeûne et des efforts permanents:

Et l'on vivrait toujours sans jamais voir la fosse!
Mais on le voit: les sages meurent, le sot et le stupide
périssent également.
Psaume 49,10

Les occasions de se saisir d'un paquet de chips ne manquent pas. Nous ne voulons pas tou-jours être durs et cruels envers nous-mêmes. La vie est déjà assez pénible et nous avons envie de nous faire plaisir. Autant de bonnes raisons pour une juste cause, mais qui mal-heureusement nous conduisent à penser qu'il nous faut assouvir immédiatement chacun de nos besoins. Et au final, nous nous agaçons de devoir courir sans arrêt après notre poids idéal. Dans une telle situation, les conseils d'Évagre peuvent nous sembler paradoxaux, qui en appellent à la force qui est en nous:

celle d'entretenir un bon rapport avec la nourriture et la boisson.

****

Devant le congélateur bien garni.

Antirrhétique 1,16

Pour lutter contre la pensée qui se préoccupe de la nourriture et de la boisson et se
donne du mal pour se les procurer :

*Décharge-toi sur YHWH de ton fardeau et lui te sou-
tiendra.*
Psaume 55,23

Tout occupée à son travail, une femme en
avait oublié de faire ses courses et se trouvait
sans eau minérale et sans pain à la veille du
week-end. Elle se jura que cela ne lui arrive-
rait plus. Mais elle n'a désormais plus qu'une
idée en tête : faire des réserves. Évagre ne lui
donne ici aucun conseil judicieux susceptible
de l'aider à gérer cette préoccupation déme-
surée. Il l'encourage simplement à se répéter :
« Décharge-toi sur YHWH de ton fardeau
et lui te soutiendra. » Ce vers du psaume ne
résout pas son problème, mais selon Évagre,
il va agir sur son âme. On peut même imaginer qu'il lui prodigue ce conseil avec un clin
d'œil. Nous ne devons pas nous acharner à

trouver une solution à tous nos problèmes, mais le fait de confronter ces mots de la Bible à notre inquiétude va nous transformer.

***

«Qu'y a-t-il à manger aujourd'hui? Du pain seulement? Ce n'est pas ça qui va me rassasier!»

Antirrhétique 1,24

Pour lutter contre cette pensée qui m'amène à déplorer de n'avoir qu'un repas frugal ou seulement du pain sec à manger:

Mieux vaut un morceau de pain sec avec la tranquillité qu'une maison pleine de viandes avec de la dispute.
Proverbes 17,1

En matière de nourriture, nous avons nos exigences, et lorsqu'il n'y a que du pain, c'est trop peu pour beaucoup d'entre nous. Pourtant, si je mange consciemment ma tartine beurrée, je serai sensible au bon goût du pain. Je peux avoir plaisir à manger seulement du pain, à condition de le mâcher méticuleusement. Néanmoins, bien mâcher ce que nous mangeons pour le déguster n'est pas ce que nous conseille Évagre en citant la Bible: «Mieux vaut un morceau de pain sec avec la tranquillité qu'une maison pleine de viandes avec de la dispute.» Il pense plutôt à l'attitude intérieure que nous avons lorsque nous mangeons : le meilleur des repas ne nous comblera pas si nous le prenons dans la discorde. Un homme m'a parlé d'un repas de Noël dans son département au sein d'une grande entreprise. Le chef avait convié ses collaborateurs dans un restaurant coûteux, mais n'avait parlé que de lui, de sorte que plus personne n'a voulu ensuite se rendre aux fêtes. Si l'ambiance n'y est pas, le repas aussi délicieux soit-il, ne sert à rien.

***

« Le régime zéro ne me dérange absolument pas. J'ai complètement oublié ce que c'est que d'avoir faim... »

Antirrhétique 1,37

Pour lutter contre la pensée erronée qui vise à nous convaincre de nous imposer un style de vie plus exigeant que nécessaire, jusqu'à nous revêtir d'un cilice, à sortir dans le désert, à toujours vivre à la belle étoile en consommant les racines du désert ; cette pensée qui nous enjoint toujours de fuir à la vue des hommes avec qui nous pourrions communiquer :

Ne sois pas juste à l'extrême, et ne fais pas le sage à l'excès : pourquoi te détruirais-tu ?
Ecclésiaste 7,16

Les anorexiques ont commencé par se nourrir le moins possible. Ils sont fiers de pouvoir contrôler leur nourriture, mais c'est au détriment du contrôle sur eux-mêmes. Incapables de profiter de ce qu'ils mangent, ils deviennent aussi indigestes pour les autres et sombrent dans la maladie. Être trop axé sur son ascèse, c'est oublier la vie. Une ascèse trop poussée, trop de renoncements héroïques, être juste à l'extrême terrorise, car cela fait perdre le goût de la vie.

***

Faire du slalom entre les indigents dans les couloirs du métro.

Antirrhétique 1,49

Pour lutter contre la pensée qui m'empêche de partager ma nourriture et mes vêtements avec un pauvre que je viens de croiser, parce que ce que je possède ne suffirait pas pour nous deux, ou encore parce qu'il y a certainement un plus nécessiteux encore qui mériterait ma générosité davantage que celui-ci qui aspire peut-être à se nourrir et se vêtir sans se donner de mal :

Que celui qui a deux tuniques partage avec celui qui n'en a pas, et que celui qui a des aliments fasse de même.
Luc 3,11

Il se peut que le miséreux que je rencontre dans les couloirs du métro appartienne à un réseau organisé de mendiants ; il se peut aussi qu'il ne cherche qu'à m'exploiter. Mais Évagre ne tient pas compte de ces éventualités. Il se contente de nous rappeler que Jésus nous exhorte à partager ce que nous possédons. Celui avec qui je partage le mérite-t-il ? Va-t-il en faire bon usage ? Cela n'intéresse pas Évagre.

***

Se nourrir quatre fois par semaine ?

Antirrhétique 1,63

Pour lutter contre la pensée qui nous retient de travailler de nos propres mains et nous persuade d'attendre, pour obtenir des autres ce dont nous avons besoin :

Mais nous vous exhortons, frères, à aller de progrès en progrès ; ayez à cœur de vous tenir tranquilles, de vaquer chacun à vos affaires et de travailler de vos mains, comme nous vous l'avons prescrit.
1 Thessaloniciens 4,10s.

Il y avait, parmi les premiers moines, des ascètes hors norme qui pensaient n'avoir qu'à prier et que Dieu saurait les nourrir. Évagre leur rappelle les paroles de l'apôtre Paul qui encourage les premiers chrétiens à travailler. On rencontrait, à cette époque aussi, des dévots enthousiastes qui oubliaient le travail. Il m'arrive également d'en rencontrer aujourd'hui pour qui seule la piété importe. Mais ils ne se rendent pas compte à quel point ils sont narcissiques dans leur piété. Ils ne pensent qu'à eux-mêmes et sont persuadés que se plonger dans le travail les séparerait de Dieu et leur ferait courir le risque de gagner trop d'argent. Alors effectivement ils ne travaillent pas, mais ils ont quand même besoin d'argent – et cet argent, ils attendent de le recevoir de ceux qui en ont trop. C'est toujours facile de « s'en laver les mains », mais ces gens-là ne remarquent même pas qu'ils exigent alors de l'argent de ceux qui se les salissent en travaillant.

«L'amour devient commerce si l'on ne peut inconditionnellement le donner ou le recevoir»

Emma Goldmann

LA LUXURE

Lorsqu'on ne pense plus qu'à cela...

Antirrhétique 2,8

Pour l'âme qui s'épuise à ne penser jour et nuit qu'à la luxure et qui désespère de ne pas parvenir à vaincre cette obsession :

Si tu dis en ton cœur : «Ces nations sont plus nombreuses que moi; comment pourrai-je les déposséder?» n'en aie pas peur. Tu n'auras qu'à te souvenir de ce qu'a fait YHWH, ton Dieu, à Pharaon et à toute l'Égypte. Deutéronome 7,17s.

La luxure était un grave problème pour les moines qui vivaient dans le célibat. Partis dans le désert pour échapper aux tentations lascives, ils se sont rendu compte qu'ils ne pouvaient faire abstraction de leur sexualité et étaient souvent en proie à des fantasmes sexuels. Certains se sont découragés, ont abandonné le combat et sont retournés en ville pour vivre leur libido. À ceux-là qui ont perdu le courage, Évagre rappelle que Dieu a noyé les Égyptiens dans la mer et qu'il est en mesure aussi de transformer la sexualité des moines.

***

Lorsqu'on se console avec des oursons Haribo...

Antirrhétique 2,10

Pour lutter contre les pensées qui se tournent rapidement vers la nourriture lorsque l'esprit de la luxure qui les tourmente lâche un peu son emprise et leur fait croire qu'elles ont atteint leur objectif, à savoir le contrôle de soi :

Vous n'agirez en rien comme nous agissons ici, chacun d'après ce qui lui plaît, car jusqu'à maintenant vous n'êtes pas arrivés au lieu de repos et à l'héritage que YHWH, ton Dieu, te donne.
Deutéronome 12,8s.

Nous remplaçons souvent un comportement compulsif par un autre. Par exemple, celui qui pense avoir surmonté son obsession sexuelle se récompense en mangeant à l'excès. Une femme m'a parlé un jour d'un moine passablement corpulent. «Ils n'ont rien d'autre», me disait-elle, pensant qu'il valait mieux qu'il se nourrisse à satiété pour pouvoir tenir l'abstinence sexuelle. Or, c'est une erreur. Les moines mettent en garde : s'alimenter exa-gérément attise aussi la sexualité. Ils doivent toujours avoir à l'esprit qu'ils ne sont pas encore parvenus au repos, mais qu'ils sont sur le chemin de la sérénité en Dieu et qu'ils seront exposés à des tentations tant qu'ils ne seront pas au bout de ce chemin. Et ce qui vaut pour les moines vaut aussi pour chacun d'entre nous.

***

En proie à des pensées malsaines.

Antirrhétique 2,22
À l'âme qui ne reconnaît pas qu'il y a conflit entre le pouvoir de la colère et les pensées lascives, parce que la colère est issue du feu, tandis que les pensées impures naissent de l'eau :

Frémissez mais ne péchez pas, parlez en votre cœur sur votre couche, et faites silence.
Psaume 4,5

Pour les moines, les passions – comme la colère – ne sont pas un mal en soi. Elles ont en elles des forces qui nous poussent à vivre intensément, à aimer passionnément Dieu et les hommes. Ainsi, les moines utilisent la force de la colère pour surmonter leurs pensées de luxure. Ils étaient nombreux à s'irriter du fait qu'en dépit de tous leurs efforts spirituels, ils étaient en permanence en butte à leur sexualité. Pour la combattre, ils avaient alors recours à la colère, la passion opposée à celle de la luxure. Ils en ont tiré une explication intéressante selon laquelle la colère et les fantasmes sexuels proviennent de deux éléments différents : la première du feu et les seconds de l'eau… et que l'eau a le pouvoir d'éteindre le feu.

***

« Il m'est tout simplement impossible de résister à cet homme... même s'il est marié ! »

Antirrhétique 2,23

Contre des pensées impures qui nous hantent et contre les nombreuses images méprisables qui nous apparaissent et envoûtent notre esprit en excitant la concupiscence :

Écartez-vous de moi, vous tous qui faites le mal ; car YHWH a entendu la voix de mes pleurs. YHWH a entendu ma supplication, YHWH accueille ma prière. Psaume 6,9s.

Les pensées lascives sont ressenties comme impérieuses et l'être humain y est souvent livré sans défense. La parole de l'Écriture que nous devons opposer à ces tentations n'analyse pas leur motif, mais les surmonte grâce à la foi en la présence de Dieu à nos côtés. C'est cette présence qui donne aux moines la force de ne pas s'abandonner à leurs pulsions, mais au contraire à briser leur domination. Il ne s'agit pas de les étouffer, mais de les combattre en faisant sienne leur force positive. Il s'agit d'une lutte qui va révéler la motivation la plus forte. En s'accrochant fermement à la présence de Dieu, le moine opte pour celui-ci comme véritable fondement de ses actes, et se conduit alors plus en accord avec la réalité que s'il se laissait dominer par ses passions.

***

« Ce n'est même pas la peine que je lutte, je n'arriverai de toute façon pas à résister. »

Antirrhétique 2,33

C ontre la pensée qui me prédit que je vais perdre le contrôle de moi-même et me couvrir de honte aux yeux des hommes :

Qu'ils aient honte et qu'ils reculent, tous ceux qui haïssent Sion. Qu'ils soient comme l'herbe des toits, sèche avant qu'on l'arrache ; le moissonneur n'en remplit pas sa main, ni le lieur de gerbes son giron.
Psaume 129,5s.

Une femme s'est éprise d'un autre homme que son mari. Elle ressent un amour si intense qu'elle pense ne pas pouvoir y résister ; que ce serait aller contre sa nature ; en fin de compte, n'est-ce pas Dieu qui lui a offert cet amour ? Avec les versets du psaume, Évagre mobilise la part agressive de la femme : elle n'est pas livrée impuissante à son sentiment amoureux et à l'attirance physique de cet homme. Elle peut en effet lutter contre et faire face à ses fantasmes sexuels, reconnaître qu'ils sont intenses, mais les rejeter violemment. Elle peut vouloir demeurer en Sion sous la bénédiction de Dieu, là où elle se sent chez elle dans son mariage, et repousser toutes ces forces qui veulent l'attirer et l'en détourner. Alors elles ne l'envahiront plus et se dessécheront comme l'herbe.

***

« Il n'y a rien de mal à cela, nous ne sommes qu'amis et elle a des problèmes avec son mari… »

Antirrhétique 2,35

Contre l'idée selon laquelle nous sommes bien obligés de rester en contact avec une femme mariée parce qu'elle nous rend souvent visite ou recherche un soutien spirituel :

Pourquoi donc t'éprendrais-tu, mon fils, de la femme d'autrui ?
Proverbes 5,20

Lorsqu'un homme marié s'éprend d'une femme elle-même mariée, il est souvent animé par les mêmes motivations que celles de ce moine qui pense qu'il peut aider une femme mariée dans son cheminement spirituel. Il se retranche derrière le fait qu'elle est malheureuse dans son mariage et qu'il ne fait que la consoler en lui donnant le sentiment qu'elle est attirante et mérite d'être aimée. Qu'y a-t-il de mal à cela ? Évagre ne s'arrête pas à ce genre de justifications. Il propose à l'homme ces versets du Livre des Proverbes qui conseillent de ne pas trop s'intéresser à une femme étrangère, car il ne doit pas se voiler la face : sa serviabilité cache son propre besoin inconscient de proximité et de tendresse.

***

«Il y a tant de pécheurs et de scènes de pardon dans la Bible que je suis en bonne compagnie. Je n'ai donc pas besoin d'avoir mauvaise conscience!»

Antirrhétique 2,50

C ontre les démons de la luxure qui utilisent les paroles bibliques pour leur compte:

Mais toi, YHWH des armées, qui sondes le juste, qui vois les reins et le cœur, puissé-je voir ta vengeance sur eux! Car c'est à toi que j'ai remis ma cause.
Jérémie 20,12

Nous, les hommes et les femmes, trouvons suffisamment de citations dans la Bible pour justifier nos comportements en matière de sexualité. Nous ne faisons après tout que mettre en pratique l'amour du prochain en donnant quelque chose de très précieux à celui ou celle que nous aimons. Et au regard de la miséricorde de Dieu, nous ne devons pas être trop sévères à l'égard de nous-mêmes. À ces tentatives de nous exonérer, Évagre oppose les paroles du prophète Jérémie : Dieu sonde nos reins et notre cœur. Au lieu de nous exempter, nous devons nous présenter à lui tels que nous sommes, et nous laisser sonder par lui. Ce n'est pas à nous de nous justifier, mais à Dieu de nous rendre justes et de nous orienter vers ce qui correspond à notre être profond et à celui de l'autre.

***

« Il n'y a qu'à moi que cela arrive ! »

Antirrhétique 2,64

Contre la pensée de celui qui a succombé par détresse et tristesse, et qui croit être le seul à subir de telles épreuves :

Soyez sobres, veillez ! Votre adversaire, le diable, comme un lion rugissant circule, cherchant qui engloutir. Résistez-lui, solides dans la foi, sachant que les mêmes souffrances sont infligées à votre fraternité qui est dans le monde.
1 Pierre 5,8

Nous avons toujours besoin de justifier nos défaillances morales. Nous nous persuadons, par exemple, que nous sommes seuls à avoir des tentations aussi démesurément fortes, que cela vient de ce que nous avons une libido exacerbée et que nous n'y pouvons rien. Cela fait partie de l'histoire de notre vie. Enfants, nous n'avons jamais trouvé l'apaisement dont nous aurions eu besoin. Évagre ne s'arrête pas à de telles considérations dans lesquelles le diable rôde pour nous accaparer. Il nous exhorte à la sobriété et à la vigilance.

« N'est pas pauvre celui qui possède peu mais celui qui a besoin de beaucoup. »

Sénèque

LA CUPIDITÉ

« Qu'il ne fasse pas tant de manières ; il peut aussi faire quelque chose pour moi de temps en temps… »

Antirrhétique 3,8

Contre l'attitude de celui qui exige de son prochain un travail manuel qui dépasse ses forces :

Nul d'entre vous ne dominera sur son frère avec rigueur. Lévitique 25,46

Dans certaines entreprises, on exige souvent trop des employés : ils doivent améliorer chaque année leur rendement et les indices sont constamment revus à la hausse, au prétexte que c'est le seul moyen de tenir la concurrence. Il n'est pas rare que les collaborateurs soient exploités au seul profit de l'entreprise dans laquelle ils travaillent. Contre de telles tendances, Évagre propose une mise en garde extraite du Lévitique : nous ne devons pas surmener notre prochain. Répétons-nous ces paroles lorsque nous sommes avides d'un gain toujours plus important, car elles peuvent nous aider à ne pas vivre au détriment des autres.

***

«Je ne suis pas une banque!»

Antirrhétique 3,9
Contre l'attitude de celui qui n'accepte pas de donner au frère dans le besoin ou de lui prêter ce qu'il demande:

Tu ne fermeras pas ta main devant ton frère indigent; tu devras, au contraire, lui ouvrir ta main et lui prêter ce qui lui manque.
Deutéronome 15,7s.

C'est un ordre que nous donne ici la Bible en exigeant de nous exactement le contraire de ce que le démon nous incite à faire. Les pensées que celui-ci nous inspire semblent raisonnables. En effet, les raisons qui nous poussent à refuser de venir en aide à notre prochain ne manquent pas: il pourrait nous duper, ou bien nous pourrions nous-mêmes sombrer dans le besoin. La parole de la Bible nous enjoint, au contraire, à donner à notre frère ce qu'il demande, et ce commandement de Dieu a plus de poids que les insinuations du démon. Dès lors que nous nous imprégnerons de cette parole de Dieu, nous agirons dans son sens.

***

Lorsqu'il n'y a pas d'héritage…

Antirrhétique 3,17

C ontre les pensées qui nous font reprocher à nos parents de nous avoir abandonnés en ne nous léguant aucune pièce d'or pour nous aider dans notre dénuement :

Que père et mère m'abandonnent, YHWH me recueillera.
Psaume 27,10

Il est des gens qui affirment avoir grandi dans la pauvreté, qui reprochent à leurs parents de ne jamais leur avoir acheté, quand ils étaient enfants, ces vêtements de marque qu'ils enviaient sur leurs camarades, ou encore l'iPhone que tous les autres possédaient déjà. L'âge venu, ils ont le sentiment que ce qu'ils ont, ils ne le doivent qu'à eux-mêmes et qu'ils n'avaient rien à attendre de leurs parents. Se comparant à d'autres, ils pensent qu'ils sont lésés. Évagre ne prend pas ici la défense des parents qui, après tout, ne peuvent donner plus que ce qu'ils ont. Au contraire, il confirme : Oui, mes parents m'ont abandonné, mais le Seigneur m'a recueilli. La pauvreté des parents n'est ni un prétexte à leur faire des reproches ni une raison pour leur trouver des excuses, mais elle est transformée en la confiance que Dieu nous accueille. La pauvreté nous renvoie à Dieu et devient dès lors un défi spirituel.

***

Une fois de plus, il y a une voiture neuve devant la porte du voisin...

Antirrhétique 3,18
Contre les pensées qui nous tourmentent lorsque nous voyons que les richesses de nos frères leur valent la considération des autres :

En YHWH mon âme se loue, que l'entendent les humbles et qu'ils se réjouissent.
Psaume 34,3

Que nous le voulions ou non, nous n'arrêtons pas de nous comparer aux autres. Nous envions le voisin parce que nous avons l'impression que sa grosse voiture lui vaut plus de considération de la part des gens qu'à nous qui n'en possédons qu'une petite ; qu'ils le respectent tandis que nous, ils nous regardent de haut. Une fois encore, Évagre ne combat pas ces pensées directement. Il leur laisse leur valeur, car c'est souvent vrai que les riches sont mieux considérés dans le monde que les plus modestes. Mais ce qui importe, ce n'est pas l'estime des hommes. C'est dans le

Seigneur que mon âme va être louée et cette estime que Dieu m'accorde m'est plus importante que celle des gens. C'est peut-être une solution à bas prix ; même si je m'imprègne de cette phrase, elle ne va pas me convaincre immédiatement, parce que j'ai quand même en moi ce désir d'être reconnu par les autres. Mais l'intégrer constamment à mes réflexions peut progressivement transformer ma pensée.

***

Lorsqu'on gagne beaucoup d'argent et qu'on n'a plus le temps de le dépenser ni d'en faire profiter les autres.

Antirrhétique 3,21

Contre les pensées qui me taraudent d'amasser le plus possible sans voir l'angoisse que la richesse me procure :

Si votre richesse fructifie, n'y attachez pas votre cœur.
Psaume 62,11

Nous envions la richesse du voisin, mais ne réfléchissons pas assez à ce que signifie cette richesse. Certes, il gagne beaucoup d'argent, mais au prix d'un dur travail. Il ne connaît ni samedi ni dimanche. Mais sa qualité de vie, où est-elle ? Travailler, travailler pour gagner davantage encore, comme un hamster qui pédale dans sa roue sans pouvoir en sortir. Dans de nombreux pays, les riches doivent ceindre leurs villas de hauts murs surmontés de barbelés. Leur richesse les isole des autres hommes. Lorsque nous nous contentons d'envier le bien des autres sans penser à tout cela, Évagre nous oppose cette phrase qui semble paradoxale : notre cœur ne se réjouira pas de voir se multiplier notre richesse. Nous pensons que plus nous posséderons, plus nous serons heureux, mais le psalmiste nous affirme le contraire et sa parole peut progressivement miner nos réflexions, relativiser et inverser notre pensée.

***

« Qui cherche du travail en trouve. Nous sommes les forgerons de notre bonheur. »

Antirrhétique 3,27

Contre l'âme qui n'éprouve pas de compassion tant la passion de la cupidité la préoccupe :

Que fidélité et loyauté ne te quittent ! Attache-les à ton cou, écris-les sur la table de ton cœur, et tu trouveras faveur et bon succès aux yeux de Dieu et des hommes. Proverbes 3,3s.

La cupidité me rend insensible en me coupant de mon cœur et de la miséricorde. Quand le cœur n'a plus de sensibilité, il se ferme pour les pauvres, et pour le réduire au silence, ma raison ne manque pas de théories sur la pauvreté des autres : par exemple, qu'ils en sont responsables, qu'ils ne travaillent pas assez, que celui qui travaille gagne de l'argent et que s'il se donne du mal, il en aura suffisamment. Se forger une théorie de ce genre est le meilleur moyen d'éluder la question. C'est refuser de m'ouvrir à l'autre. Pour lutter contre cette indifférence, je dois accrocher la compassion à mon cou et l'écrire sur la table de mon cœur. Elle doit devenir mon commandement le plus intime et me mettre en garde contre toute doctrine qui m'éloigne de mon propre cœur.

***

«Je dois travailler, je n'ai pas le temps pour autre chose!»

Antirrhétique 3,29

Contre cette avidité de posséder qui nous pousse à travailler jour et nuit, qui nous empêche de lire les Saintes Écritures et nous retient de visiter les malades et de leur porter secours:

La fortune ne sert de rien au jour de l'emportement, mais la justice délivre de la mort.
Proverbes 11,4

Certains pères de famille justifient leur obsession du travail par la nécessité de subvenir aux besoins de leur maisonnée. Ils prendront du temps pour elle quand ils auront travaillé et amassé suffisamment d'argent. Mais ce temps, bien souvent, n'arrive jamais. Ils s'obligent à travailler toujours plus, à saisir la chance qui se présente à eux de peur qu'elle ne leur échappe. Ils ne se rendent pas compte que cet investissement dans le travail ne fait que combler leur vide intérieur. Ils ne prennent pas le temps de faire silence, n'entrent jamais en contact avec eux-mêmes, ni par la prière ni par une promenade. Ils se fuient. Évagre démasque ici l'inutilité de la richesse au jour de la colère, c'est-à-dire probablement au jour de la mort. « La chemise du mort n'a pas de poche ». Selon ce dicton, on n'emporte rien dans sa tombe. Seule compte à ce moment ma conduite : ai-je été juste ? Ai-je mené une vie droite ? Je me tourne de tout mon être vers Dieu et m'en remets à son amour infini.

***

«J'ai besoin de tout cela pour mes vieux jours, pour maintenir mon niveau de vie.»

Antirrhétique 3,36

C ontre la pensée qui dresse devant nos yeux l'image d'une perte de notre argent et de nos biens considérés par Job comme un grand réconfort physique :

YHWH a donné, YHWH a repris ; béni soit le nom de YHWH.
Job 1,21

En Asie, j'ai fait connaissance avec la théologie de la prospérité issue de certains courants pentecôtistes américains, et qui se réfère à la Bible : Dieu offre le bien-être à celui qu'il bénit. Plus je gagne de l'argent et plus je suis béni par Dieu et jouis de sa bienveillance. Le moine qui craint de perdre ses maigres possessions se réfère également à la Bible, et plus particulièrement à Job. Lui aussi vivait dans l'aisance et pouvait s'en réjouir. Et Dieu ne veut-il pas que nous soyons heureux de notre vie ? Mais ni ce moine ni ceux

qui professent la théologie de la prospérité
ne se rendent compte qu'ils n'utilisent Dieu
qu'à leur seul profit, qu'en fin de compte
l'argent se transforme en Dieu et que Dieu
doit être au service de l'argent. À ces pensées, Évagre oppose les paroles que Job pro-
nonce lorsqu'il se trouve démuni : « YHWH
a donné, YHWH a repris ; béni soit le nom
de YHWH. » Dieu peut donner, certes, mais
il peut aussi reprendre. Même dans ce cas,
nous sommes dans de bonnes mains. Même
quand nous ne comprenons pas le sens de ce
qui nous arrive, il importe de glorifier Dieu.

« Être triste sans raison c'est avoir une raison d'être triste »

Françoise Sagan

LA TRISTESSE

« Personne ne se soucie de moi. Si je venais à mourir, nul ne s'en apercevrait... »

Antirrhétique 4,10

Pour l'âme découragée qui pense que les anges de Dieu ne veillent pas sur elle :

Voici que moi je vais envoyer un ange devant toi pour te garder en chemin et pour te faire entrer dans le lieu que j'ai préparé.
Exode 23,20

Les moines disent que la tristesse provient souvent de ce que nous avons des attentes exagérées vis-à-vis de la vie et une attitude expectative infantile à l'égard des autres : qu'ils nous aiment et nous admirent. Et dès lors que ce souhait n'est pas exaucé, nous succombons à des pensées contraires : personne ne m'aime, personne ne s'occupe de moi, je ne compte pour personne, je ne vaux rien, je pourrais bien mourir que personne ne s'en apercevrait. Évagre ne me renvoie pas ici à l'amour de mes parents et de mes amis, que je n'ignore pourtant pas. Il préfère ouvrir mon regard sur l'ange qui chemine à mes côtés. L'ange est mon accompagnateur intime qui me conduit sur mes chemins de travers et mes fausses routes, qui m'épaule même si je suis insupportable aux yeux des autres et à mes propres yeux. Le regard sur l'ange qui me soutient, qui m'épaule toujours, même quand je m'abandonne moi-même, transforme peu à peu ma tristesse en confiance.

***

La force salvifique de la musique lorsque le trouble envahit l'âme.

Antirrhétique 4,22

Pour l'âme qui ne pense pas que chanter un psaume peut transformer l'état physique en chassant un démon qui paralyse les envies et les aspirations, et qui retient tous les membres :

Quand un esprit de Dieu était sur Saül, David prenait la lyre et il en jouait : Saül se calmait et se trouvait mieux, et l'esprit mauvais se retirait loin de lui.
1 Samuel 16,23

La personne triste s'enfonce souvent dans sa tristesse avec l'impression qu'elle ne peut lutter contre. Elle lui attribue une dimension pathologique en la nommant dépression. Et contre la dépression, on ne peut de toute façon rien faire. On porte en soi cette maladie et on doit la supporter ou, au mieux, la contenir à l'aide de médicaments. Évagre ne s'arrête pas à cet apitoiement sur nous-mêmes auquel nous nous abandonnons. Il nous renvoie au pouvoir bienfaisant de la musique. Pour lui, les psaumes chantés ne transforment pas seulement l'âme, mais aussi le corps. Évagre puise dans la théorie de Pythagore sur la musique, selon laquelle le rythme musical fait entrer les êtres en contact avec le rythme intérieur de leur âme. Et l'harmonie de la musique engendre une harmonie des forces de l'âme. Nous ne sommes pas livrés impuissants à notre tristesse. Dieu nous a fait cadeau de la musique comme remède. Tout le monde peut chanter, il suffit de le faire de temps en temps.

***

«Que voulez-vous, je suis tout simplement dépressif et n'y peux rien.»

Antirrhétique 4,30

Contre les pensées qui nous incitent à fuir la face méchante des démons au lieu de l'affronter courageusement:

En YHWH je m'abrite; comment, dites-vous à mon âme: Fuis, passereau, vers les montagnes?
Psaume 11,1

Les dépressifs sont nombreux à capituler face à la dépression sous le prétexte qu'on est impuissant face à elle. Ils ne la regardent pas comme un défi, mais s'abandonnent à leur sort; ou bien ils la fuient en s'affairant outre mesure et souffrent alors d'une dépression dite agitée. Dans un cas comme dans l'autre, ils ne font rien contre et la laissent garder sur eux son emprise. Le verset du psaume qu'Évagre nous conseille dans de telles situations nous invite à refuser la fuite. Un passereau peut fuir, mais pour un être qui a mis sa confiance en Dieu, la fuite est impossible. L'homme doit lutter. Pour le moine, la vie est une lutte permanente. Et la dépression exige également qu'on la combatte, car nous n'y sommes pas livrés sans défense. Nous ne pourrons peut-être pas toujours en venir complètement à bout, mais nous pouvons au moins juguler son action, de manière à pouvoir vivre avec elle.

***

Lorsqu'au journal télévisé on n'entend parler que de destruction de l'environnement, de catastrophes, de guerres et de famine.

Antirrhétique 4,37

P rière adressée au Seigneur, parce que le démon de la tristesse modifie mon état intérieur, le maintenant dans un souci permanent, plein d'accaparement violent :

Combien de temps le verras-tu Seigneur ? Soustrais mon âme à leurs ravages, aux lionceaux mon unique bien.
Psaume 35,17

N'entendre parler que de catastrophes au journal télévisé peut nous rendre dépressifs. Nous avons l'impression que Dieu est bien loin de ce monde, que tout va de travers, que le malheur sévit partout. Comment espérer alors un monde meilleur ? Évagre n'argumente pas avec le fait que nous devons aussi voir le bien dans le monde ; qu'en dépit de tout le mal qui y règne, il y a quand même la beauté de la Création, et qu'il existe des hommes bons qui s'engagent pour les autres. Mais loin d'en appeler à notre patience, il nous propose des paroles qui nous lancent un défi, qui remettent notre pensée en question. Il nous exhorte à nous tourner vers Dieu, afin qu'il prenne soin de nous. C'est alors que notre vie connaîtra le salut au sein d'un monde empli de malheurs.

***

« Avec ce que j'ai vécu, ce n'est pas étonnant que personne ne m'aime, et moi-même encore moins. »

Antirrhétique 4,55

Contre l'esprit malin qui s'oppose à mon âme, me rappelle les péchés de mon passé et cherche à me plonger dans le désespoir :

Ne te réjouis pas à mon sujet, ô mon ennemie ; si je suis tombée, je me relèverai, si j'habite dans les ténèbres, YHWH est ma lumière.
Michée 7,8

Certains sombrent dans la tristesse à l'examen de leur passé, en considérant les blessures que la vie leur a infligées. Au sommet de son succès, Élie déjà avait admis un jour : « Je ne suis pas non plus meilleur que mes pères. » Reconnaître que nous sommes imparfaits, que nous avons fait des erreurs nous précipite dans l'affliction. Nous ne pouvons nous pardonner d'être ce que nous sommes, de nous être conduits ainsi jusqu'alors. Évagre ne s'emploie pas à nous consoler en nous montrant ce que

nous avons fait de bien. De tels mots de consolation n'appelleraient que des objections de
notre part : peut-être, mais ce que j'ai fait par
ailleurs n'est pas bien. Évagre sait qu'il ne sert
à rien de mettre le mal et le bien en balance. Il
choisit donc une parole du prophète Michée,
par laquelle nous reconnaissons que nous
avons failli par moments, qu'il est vrai que
notre vie n'a pas été droite sur toute la ligne,
mais qui nous fait réagir face à ce qui est allé
de travers et nous redresser. Au milieu de nos
ténèbres, Dieu sera notre lumière. Nous pourrons alors avouer tout ce que nous avons fait
de mal puisque nous savons − et c'est le plus
important − que la lumière de Dieu illumine
notre nuit et chasse toute obscurité.

***

LA TRISTESSE

Lorsqu'on demeure inconsolable de la perte d'un être cher

Antirrhétique 4,63

Prière adressée au Seigneur pour contre-carrer la tristesse qui conduit l'âme dans un abîme empli de morts et imprègne le cœur de visions macabres, signe que l'âme est en danger :

Pourquoi ma douleur est-elle sans fin, ma plaie ingué-rissable, refusant de guérir ? Serais-tu donc pour moi comme un ruisseau trompeur, comme une eau sur laquelle on ne peut compter ?
Jérémie 15,18

Je suis infiniment triste de la mort d'un être aimé. Dans mon deuil, j'ai le sentiment que le sol se dérobe sous mes pieds. Tout se brouille en moi et je sens que je peux m'écrouler. Porter le deuil, c'est être las, sans force ; c'est ressentir un chaos intérieur et ne plus savoir où l'on est. Dans une pareille situa-tion, Évagre ne me donne pas de judicieux conseils sur la manière de gérer ma douleur. Il m'incite à m'ouvrir à elle en me tournant vers Dieu. Il ne s'agit pas toutefois de prier Dieu de transformer ma douleur, mais de lui demander pourquoi elle est si intense, pourquoi elle me semble si dépourvue d'espoir. Cette demande à elle seule, sans pour autant évaluer ma souffrance, peut la transformer légèrement. Je peux au moins la présenter à quelqu'un qui ne va pas me juger.

***

Quand les mauvaises nouvelles s'amoncellent.

Antirrhétique 4,71

C ontre le sentiment de l'âme qui croit qu'elle est tentée au-delà de ses forces :

Aucune tentation ne vous est survenue, qui passât la mesure humaine. Dieu ne permettra pas que vous soyez tentés au-dessus de vos forces, mais avec la tentation il vous donnera le moyen d'en sortir et la force de la supporter.
1re épître aux Corinthiens 10,13

Nous avons parfois le sentiment que trop de malheurs s'abattent sur nous ; que nous ne pouvons plus porter ce que Dieu nous impose. Nous avons à peine le temps de pleurer la perte d'un membre de notre famille qu'un autre disparaît à son tour. Ou bien ce sont des crises personnelles qui se doublent de conflits au travail. Tout s'écroule en même temps. Nous n'avons plus d'appui. Les gens qui traversent ces périodes où toutes les souffrances s'accumulent me demandent s'il est vrai que Dieu ne nous tente jamais au-delà de nos forces ; s'il est vrai qu'avec la souffrance, il nous offre aussi la force de la surmonter. Évagre, ici, nous renvoie à la première épître aux Corinthiens, avec laquelle Paul veut consolider notre confiance en ce que Dieu ne nous demande jamais plus que ce que nous pouvons endurer, même si nous avons souvent l'impression contraire. Les paroles de Paul ne peuvent que nous donner l'espoir que nous recevrons de Dieu la force nouvelle de supporter ce qui nous arrive.

***

Lorsqu'un mal au dos et un rhume font de notre journée une vallée de larmes.

Antirrhétique 4,76

Contre les pensées qui redoutent que les démons ébranlent notre âme et que notre corps tombe dans une maladie incurable :

Et qui vous fera du mal si vous vous montrez zélés pour le bien ? Que si pourtant vous deviez souffrir à cause de la justice, heureux êtes-vous ! N'ayez d'eux aucune crainte et ne vous laissez pas troubler. Traitez saintement dans vos cœurs le Seigneur, le Christ.
1 Pierre 3,13s.

C'est parfois la journée entière qui s'annonce mal : mon nez coule et est irrité par des éternuements continuels. Je n'arrive pas à tenir le coup parce que mon corps ne fonctionne pas comme je le voudrais. Ou bien cette oppression que je ressens devient un cauchemar et je crains l'infarctus. Ou encore cette douleur-là n'est-elle pas le signe d'un cancer ? Dans de telles circonstances, Évagre ne me rassure pas avec de bonnes paroles. Il choisit un passage de la première épître de Pierre : si je tends vers le bien et me montre juste, rien ne pourra m'ébranler. Et même s'il m'arrive de souffrir, je ne dois avoir aucune crainte. Je peux même être comblé, heureux, si je garde saintement le Christ en mon cœur. Au milieu de la maladie, j'ai en moi un espace sacré où habite le Christ. Et toutes les douleurs physiques m'invitent à me tourner vers cet espace que la maladie n'atteint pas, où je suis entier et intact. Et là où le Christ habite en moi, la peur et la tristesse n'ont pas droit de cité et ne peuvent me dominer.

« Que le courroux te gagne et ton adversaire aura atteint son but : tu es sous son emprise »

Ernst Freiherr von Feuchtersleben

LA COLÈRE

« J'ai parfaitement vu la manière dont il a importuné mon amie ! »

Antirrhétique 5,3
Contre la tentation de la calomnie que suscite la colère :

Tu ne déposeras pas contre ton prochain en témoin mensonger.
Exode 20, 16

Quand on est en colère contre quelqu'un, tous les moyens sont bons pour lui faire du tort.

On se voit le rabrouer durement, le démolir, l'abaisser, lui nuire même en faisant un faux témoignage ou en le calomniant, c'est-à-dire en répandant sur lui des bruits qui ne sont pas vrais. Aujourd'hui, nombreux sont ceux qui succombent à cette tentation. Il n'est que de voir tous les mensonges diffusés sur Internet sur des gens que l'on envie ou qui nous ont blessés. Évagre nous invite ici à nous référer à l'un des dix commandements : « Tu ne déposeras pas contre ton prochain en témoin mensonger. » Il ne propose pas d'argument pour prouver que notre comportement est mauvais, mais nous incite simplement à nous en tenir à la directive divine, afin de réprimer notre tendance à nuire à notre prochain en le diffamant.

**

« Tout le monde sait bien qu'il a obtenu ce job parce qu'un de ses amis connaît le chef. »

Antirrhétique 5,4

C ontre une pensée née d'une rumeur qui provoque notre colère contre quelqu'un :

Tu ne répandras pas un faux bruit.
Exode 23,1

Lorsque nous entendons quelqu'un jaser sur son voisin ou sur un collègue, nous sommes un peu trop facilement enclins à croire ce qu'il nous raconte et à juger l'autre avec colère : comment peut-on se conduire ainsi ? C'est un être malfaisant qui ne mérite que le mépris. Dans une telle situation, nous devons réfléchir à cette parole de la Bible qui nous commande de ne pas répandre de faux bruits. Elle peut nous aider à ouvrir progressivement nos yeux et à voir que la réalité ne correspond pas forcément à ce que nous a raconté le calomniateur. Nous aurons alors le courage de regarder l'autre avec nos propres yeux et non avec les yeux de ceux qui le diffament.

« Ma mère est seule responsable ! Si elle m'avait vraiment aimé, je pourrais être heureux aujourd'hui ! »

Antirrhétique 5,21

Pour l'âme qui se laisse entraîner sur la voie du ressentiment et qui, par les pensées, incite son esprit à s'enflammer de colère. Et même si, par la suite, la pensée de cette passion se fait hésitante et vient un temps où s'en va le souvenir de la parole ou du fait, quelque chose cependant reste qui obscurcit l'esprit et y laisse une empreinte :

Dans le sentier de la justice est la vie, et le chemin qu'elle suit ne mène pas à la mort.
Proverbes 12,28

Le ressentiment fait dévier la raison de son juste chemin. S'il nous submerge et nous domine, nous ne pouvons plus penser clairement, nous déraisonnons et tout en nous s'imprègne de rancœur. Les moines connaissent bien ce ressentiment qui les hante jusque dans leur solitude où ils ont peu d'occasions de se mettre en colère contre les hommes. Ils savent que, où que j'aille, j'y vais avec tout ce que je porte en moi, y compris avec une rancune profondément ancrée. Ils savent aussi que même lorsque celle-ci s'apaise, je ne peux oublier les mots qui m'ont blessé. Dès que ces mots refont surface, ma colère remonte aussi et obscurcit ma pensée. Avec la parole tirée du Livre des Proverbes, Évagre nous montre que le chemin de la colère conduit à la mort et que cette conséquence, qu'il nous met ainsi devant les yeux, devrait nous inviter à suivre le sentier de la justice qui mène à la vie.

***

Il faut laisser crier les envieux et les médisants.

Antirrhétique 5,23

Contre la tentation de la colère qui nous empêche de répondre avec douceur à ceux qui nous blâment à juste titre :

Une réponse douce fait rentrer la fureur, mais une parole blessante fait monter la colère. La langue des sages exprime bien la science, mais la bouche des sots éructe la folie.
Proverbes 15,1

En me faisant remarquer que je me suis mal comporté, un ami voudrait m'aider. Mais cela me rend furieux et ma colère rend toute sa vérité au dicton selon lequel seuls aboient les chiens blessés. Parce que mon ami a mis le doigt sur un point faible que je ne veux pas reconnaître car cela me contrarie et me met en colère contre moi-même, je me mets à «aboyer» – une manière de me détourner de ma faiblesse. La parole sage du Livre des Proverbes nous fait entrevoir les conséquences de la colère : elle emporte même cet ami qui,

plein de compréhension, a attiré mon attention sur mon point faible, et notre amitié
risque de se briser. Si, au contraire, je réponds
avec humilité à sa remarque, cela m'évitera
de me mettre en colère et notre amitié sera
préservée et plus profonde.

***

«Je voudrais le voir mort!»

Antirrhétique 5,37
Contre les pensées qui nous poussent à haïr et maudire nos ennemis:

Et moi je vous dis: Aimez vos ennemis et priez pour ceux qui vous persécutent, afin de vous montrer fils de votre Père qui est dans les cieux, parce qu'il fait lever son soleil sur les mauvais et sur les bons, et pleuvoir sur les justes et les injustes.
Matthieu 5,44s.

Il nous arrive de maudire celui contre lequel nous sommes en colère. Nous lui souhaitons tout le mal possible. Il faut qu'il souffre de notre désintéressement. Parfois même nous allons jusqu'à souhaiter sa mort, et nous tentons alors de refouler cette pensée qui nous effraie. Quand nous sommes ainsi tourmentés, pensons plutôt au sermon de Jésus sur la montagne, qui nous exhorte à aimer nos ennemis et à prier pour ceux qui nous persécutent. En priant pour eux, nous allons les voir avec d'autres yeux et être même en mesure de les aimer. Jésus nous renvoie au soleil qui se lève sur les bons comme sur les mauvais. Si nous continuons à haïr nos enne-mis, le soleil se couchera aussi sur nous et aucune pluie n'arrosera notre terre.

***

« Tu oublies toujours tout affront et moi je ne puis m'empêcher d'y revenir sans cesse ! »

Antirrhétique 5,38

Contre la tentation de la colère que ne calme pas le regret exprimé par le frère, mais se retourne à nouveau et s'acharne contre lui :

Si ton frère vient à pécher, réprimande-le et, s'il se repent, remets-lui. Et si sept fois le jour il pèche contre toi et que sept fois il retourne vers toi, en disant : je me repens, tu lui remettras.
Luc 17,3s.

Bien souvent, le regret de celui qui m'a blessé ne me suffit pas. Je suis si blessé et en colère contre lui qu'il a beau passer son temps à s'excuser, cela ne me satisfait pas. Je le laisse alors avec son repentir et lui montre mon courroux en me désintéressant de lui. Je veux le voir souffrir. Les moines étaient très honnêtes envers eux-mêmes. Ils sentaient en eux cette tendance à faire payer à l'autre une blessure en n'acceptant pas ses excuses et en le contraignant à se rabaisser jusqu'à se présenter à eux pour ainsi dire en habit de pénitent. Cette façon d'agir est une forme de vengeance. Dans une telle situation, Évagre renvoie au commandement de Jésus : même si le frère a péché sept fois contre moi, je dois lui pardonner dès lors qu'il le regrette. En grec, cela s'exprime ainsi : je révise ma pensée, je fais demi-tour. Je me montre compréhensif. Mon prochain n'a pas à se rabaisser. S'il reconnaît qu'il a fauté, je dois lui pardonner.

***

«Je ne lui pardonnerai jamais ce qu'il a fait. Il n'a aucune excuse!»

Antirrhétique 5,49

Contre des pensées de colère qui nous empêchent de nous réconcilier avec nos frères, quand ils se présentent devant nous avec les meilleures prémisses telles que le regret, la peur, la louange, et la promesse qu'ils ne rechuteront plus dans les erreurs. Mais c'est là un signe de la malignité du démon qui ne veut pas que la raison se libère du ressentiment qui l'anime:

Mettez-vous en colère et ne péchez pas. Que le soleil ne se couche pas sur votre irritation et ne donnez pas prise au diable.
Éphésiens 4,26s.

Évagre décrit ici une technique utilisée par les démons et qu'aujourd'hui nous appellerions rationalisation. La raison cherche toutes sortes de motifs pour ne rien faire. Elle ne remarque même pas qu'elle va à l'encontre des voix intérieures qui la poussent à agir de façon juste. Lorsque nous nous trouvons dans

cette situation, nous nous sentons désagréa-
blement tiraillés. Nous percevons instinctive-
ment ce que nous devrions faire, mais toutes
sortes de raisons nous retiennent d'agir.
Évagre dissipe ce tiraillement en érigeant
simplement une norme à laquelle le moine
ne peut se soustraire : « Le soleil ne doit pas se
coucher sur votre colère. » Pour Évagre, cette
parole de l'apôtre Paul fait autorité. Face à
elle, les motifs que peut invoquer la raison
n'ont aucune valeur, et elle aide à analyser et
à vaincre le jeu raffiné de la rationalisation.

***

À quoi reconnaître le fanatisme religieux.

Antirrhétique 5,64

Contre la pensée de celui qui affirme aimer Dieu mais qui hait son frère :

Si quelqu'un dit : «J'aime Dieu», et a de la haine pour son frère, c'est un menteur ; car celui qui n'aime pas son frère qu'il voit ne peut aimer Dieu qu'il ne voit pas.
1 Jean 4,20

Au cours de notre mission d'accompagnement spirituel, il nous arrive de rencontrer des gens qui nous parlent de leur amour pour Dieu, mais ont des difficultés à aimer leurs semblables avec qui ils ne s'entendent pas parce qu'ils sont mauvais ou qu'ils ne leur rendent pas la vie facile. Je me demande alors parfois si c'est vraiment ce qu'ils sont ou si c'est mon interlocuteur lui-même qui ne voit d'eux que les mauvaises facettes, une vision négative qui le pousse à la haine et à les rejeter. Quand il se confie à moi, il est loin d'imaginer que ce rejet est une forme de haine, qu'il masque en avançant ses raisons. Pourtant, c'est bien de cela qu'il s'agit. À celui-là, Évagre oppose la parole de Jean dans sa première épître, qui le démasque comme menteur. Un mot très dur, mais qui est parfois nécessaire pour mettre au jour les mensonges intérieurs qui se cachent derrière une foule de «bonnes raisons».

« C'est la paresse qui nous enchaîne aux situations pénibles. »

Novalis

L'ACÉDIE

« Il me suffit d'être ce que je suis et d'avoir ce que j'ai. Les autres peuvent bien se donner du mal, moi, je vis bien comme cela. »

Antirrhétique 6,3

Pour l'âme qui se laisse aller à l'ennui et attend sans rien faire d'être empli des fruits de la connaissance de la vérité :

Vous vous montrerez forts, et vous prendrez des fruits du pays.
Nombres 13,20

Je rencontre souvent des gens pieux qui pensent qu'il suffit d'avoir du temps pour soi et qui confondent cet espace avec la prière, ne se rendant pas compte qu'ils ne font que tourner narcissiquement autour de leur propre personne. Ils s'imaginent que les expériences spirituelles viendront d'elles-mêmes. On peut parler ici de spiritualité sans vigueur. Pour lutter contre elle, Évagre nous recommande de tenir bon. Seul celui qui s'accroche et s'applique tenacement à cultiver le champ de sa vie pourra en récolter les fruits, et seul celui-là sera empli des fruits de la connaissance de la vérité.

***

Quand on voit toujours le verre à moitié vide au lieu de le voir à moitié plein.

Antirrhétique 6,13

Contre la morosité qui provient de l'ennui et qui réduit la louange au silence :

Je veux bénir YHWH en tout temps, sa louange sera constamment dans ma bouche.
Psaume 34,2

Celui qui n'a envie de rien passe son temps à maugréer. Rien n'est assez bien pour lui. L'ennui naît de l'incapacité à s'ouvrir à l'instant présent. On n'a pas envie de travailler parce que c'est trop fatigant ; de prier parce que c'est trop lassant ; même ne rien faire est ennuyeux. Quand rien ne se passe, on est insatisfait, on se ferme à Dieu. On ne perçoit tout simplement plus ce qu'il nous a offert. Évagre sait qu'il serait vain d'énoncer toutes les raisons que nous avons d'être reconnaissants, car chacune d'elles donnerait lieu à une objection : « Mais je ne peux pas être heureux de la vie que je mène, elle est sans saveur ! »

Contre une telle morosité, il nous encourage à louer Dieu à tout moment et en toute chose. Sinclair Lewis n'a-t-il pas dit un jour que le snob est celui qui râle de tout et sur tout ? Être capable de louange c'est être en bonne santé.

***

Lorsque personne n'éprouve de compassion pour moi, hormis moi-même.

Antirrhétique 6,14

Pour l'âme qui, dans son ennui, se laisse submerger par des pensées qui mettent à mal son espoir en lui montrant que la vie des moines est trop difficile et que rares sont ceux qui la supportent :

Confie-toi en YHWH, fais-le bien, demeure au pays, vis en sécurité !
Psaume 37,3

De nos jours, on entend fréquemment les gens se plaindre de ce que la vie est dure. Évagre ne nous console pas, mais nous encourage à nous en remettre à Dieu et à faire ce qui est juste. Me répéter cette phrase avec tout mon cœur va m'aider à ne pas m'apitoyer constamment sur moi-même, à ne pas m'émouvoir de mon sort, afin d'agir et de gagner la confiance que je peux m'abandonner à Dieu avec un cœur fort. Il ne s'agit pas d'une technique bon marché ni d'une astuce psychologique ; il s'agit de prendre au sérieux une parole biblique, la parole de Dieu, par laquelle lui-même garantit la vérité de la promesse. On recommande souvent aujourd'hui d'accompagner l'entraînement autogène par des phrases pleines de confiance qui, dès lors qu'elles sont assimilées, conduisent à une certaine confiance. Évagre, lui, conseille de dépasser la dimension humaine et de se répéter une parole de Dieu. C'est de cette force divine que celui qui prie obtiendra son salut, car dans sa parole, Dieu œuvre comme un médecin.

***

Lorsqu'on regarde avec nostalgie les prospectus de voyage.

Antirrhétique 6,15

Pour l'âme malheureuse et accablée d'ennui qui imagine qu'elle pourrait vivre ailleurs :

Attends YHWH, observe sa voie ; il t'exaltera, te fera posséder le pays, tu verras comme ils sont supprimés, les méchants !
Psaume 37,34

Une manifestation de l'ennui consiste à ne jamais être satisfait de l'endroit où l'on habite. Je commence par trouver que ma ville natale est trop petite, mais si je suis amené à en changer pour mon travail, je trouve très vite que la nouvelle ville où je me suis installé est ennuyeuse, bruyante, qu'elle a peu de ressources culturelles à offrir, que les gens ne sont pas sympathiques, que le voisin m'ignore, mais que la voisine est une bavarde. Je pense alors à déménager encore, je visite de nouveaux appartements, mais je trouve toujours quelque chose à redire et rien ne trouve grâce

à mes yeux : là encore, les voisins sont odieux,
ou bien je suis trop isolé et je ne suis pas tran-
quille la nuit. Bref, je ne me sens bien nulle
part. Dans une telle situation, il me suffit de
répéter : « Attends Yahvé et observe sa voie. »
Au lieu de porter mon attention sur l'envi-
ronnement qui ne me satisfait pas, je la diri-
gerai vers Dieu et persévérerai là où je suis, et
je pourrai alors posséder le pays. Mon cœur
s'ouvrira, et je serai heureux et reconnaissant.

***

« Pourquoi donc me mettre en quatre puisque ce sont toujours les autres qui l'emportent sur moi ? »

Antirrhétique 6,23

Prière au Seigneur pour qu'il me vienne en aide à cause de mes pensées liées au fait qu'un de mes frères ou de mes parents est devenu un notable influent et fait désormais partie des autorités :

Mon bonheur à moi, c'est d'être près de Dieu ; dans le Seigneur YHWH j'ai placé mon espérance.
Psaume 73,28

L'acédie et l'envie vont souvent de pair. Si je considère ce que des camarades de classe ont fait de leur vie, leur réussite profession-nelle, je ne vais pas seulement les envier. Je vais déplorer ma propre situation, la lassi-tude et le découragement vont s'installer et ma vie n'aura plus de goût. Des pensées vont m'envahir : la vie est belle pour les autres, mais Dieu n'a pas pensé à moi ; il ne m'a pas offert la chance d'avoir un bon job ; personne ne fait attention à moi ; je ne vaux pourtant pas moins que cet homme célèbre ou que cette femme dont parlent tous les journaux; le monde est injuste… Et je m'enfonce alors dans une vie triste. Inutile alors de me comparer aux autres. Seule m'aidera la parole qui démasque mes jérémiades : « Mon bonheur, c'est d'être près de Dieu; dans le Seigneur j'ai placé mon espérance. » L'espérance est différente de l'attente d'être aussi célèbre que cet ami ou ce parent. Elle me fait vivre. J'espère en ce que Dieu m'offre à tout instant.

***

« Je ne peux pas être seul maintenant. J'ai un besoin urgent de quelqu'un à qui raconter à quel point je vais mal. »

Antirrhétique 6,24

Contre la pensée qui nous pousse à chercher la consolation auprès de nos frères lorsque nous sommes envahis par l'acédie.

Au jour de ma détresse je recherche le Seigneur, ma main, la nuit, se tend, ne reste pas inerte, mon âme refuse d'être consolée.
Psaume 77,3s.

Évagre ne propose pas ici une solution à l'acédie désagréable qui me frappe, mais il m'incite à supporter cet état, à ne pas le fuir, à y voir une expérience de Dieu. En faisant cette expérience grâce à la parole du psaume, mon inquiétude et ma peur vont perdre de leur force. Ce que je connais est moins dangereux et peut être surmonté plus facilement en communauté par la prière des psaumes. Le moine ne se sent plus seul alors dans sa lutte, car il est avec le psalmiste et tous ceux dont il sait qu'ils chantent ce psaume. L'exemple des pieux de l'Ancien Testament et la communauté de tous ceux qui suivent cet exemple vont lui donner la force de supporter sa situation. Il se sent intégré dans la grande communauté des hommes qui font la même expérience que lui, dont il sait qu'il leur a fallu combattre pour en venir à bout, ou bien qui sont, comme lui, au cœur de leur lutte.

***

« Mon travail m'ennuie au plus haut point ! »

Antirrhétique 6,28

Contre la tentation de l'ennui qui rejette le travail et plonge le corps dans la somnolence :

Jusques à quand, paresseux, resteras-tu couché ? Quand te lèveras-tu de ton sommeil ? Un peu dormir, un peu somnoler, un peu croiser les bras pour reposer ; et, comme un rôdeur, viendra ta pauvreté, et ton indigence, comme un homme d'armes !
Proverbes 6,9s.

Sur le point de me rendre à mon travail, ma voiture refuse de démarrer. Je suis contrarié. Aujourd'hui, tout va de travers. Par-dessus le marché, j'ai mal à la gorge. Une aubaine : je ne vais pas aller au bureau. Je n'ai plus le même enthousiasme pour mon travail. Je me sens surmené. Mes collègues n'hésitent pas à s'absenter quand ils sont souffrants. Pourquoi n'en ferais-je pas autant ? Nous ne sommes pas à court de prétexte pour ne pas aller travailler et sommes vite enclins à prendre tel ou tel symptôme physique pour un véritable malaise. Lorsque l'envie nous quitte et que nous n'avons plus goût au travail, le corps le montre aussi à sa manière et nous avons alors toutes les raisons de rester à la maison. Dans une telle situation qui justifie notre oisiveté, le Livre des Proverbes interroge : «Quand te lèveras-tu de ton sommeil ?» Cessons de nous demander si nous allons nous rendre ou non à notre bureau et posons-nous plutôt cette question biblique. Nous allons alors nous réveiller et nous mettre en route, et ce soir, nous rentrerons heureux.

***

«Pourquoi moi? Pourquoi le sort s'acharne-t-il sur moi?»

Antirrhétique 6,36

P our l'âme qui, à cause d'une maladie du corps, se laisse envahir par l'ennui :

La fureur de YHWH, je la supporterai, parce que j'ai péché contre lui, jusqu'à ce qu'il défende ma cause et me fasse justice ; il me fera sortir à la lumière, je verrai sa justice.
Michée 7,9

La maladie est interprétée ici comme une épreuve que le Seigneur m'envoie pour que je puisse passer de l'obscurité à la lumière. Les coups durs que sont la maladie ou le malheur nous déroutent à ce point parce que nous ne savons pas les interpréter. Ils sont ténébreux, incompréhensibles, mystérieux, et nous laissent dans l'obscurité. L'absurdité des événements assombrit le sens de notre vie, nous ôte toute tonicité intérieure et nous précipite dans l'acédie, dans la lassitude et le découragement, dans la dépression. Interpréter une épreuve par le biais de la parole de Dieu nous donne la force de lui tenir tête et de gagner en maturité. Au lieu de nous ravir notre force, la maladie va nous en donner. Interpréter les coups durs de l'existence est une démarche très subtile, car nous pouvons faire fausse route et nous enfoncer plus encore. Certains voient dans leur malheur une punition divine et se croient damnés. Eux aussi se trompent dans l'interprétation de leur épreuve : ils sont aveugles ; ils ne voient dans la parole de Dieu que la justification de leurs propres peurs ou de leurs pensées confuses. Dans ce cas, même une parole de Dieu peut avoir des effets nuisibles.

« La vanité est le plat des sots. »

Jonathan Swift

LA VAINE GLOIRE

« Je suis le seul ici à avoir de bonnes idées. Et c'est d'ailleurs ce que disent aussi les autres. »

Antirrhétique 7,6

Contre une pensée vaniteuse telle que : tu es hautement considéré parmi tes frères :

Je suis un homme pauvre et méprisable.
1 Samuel 18,23

Le succès peut me monter à la tête. Je me crois au-dessus des autres, je savoure mes réussites, la pensée de l'estime des autres ne me quitte pas. Je me les représente complimentant mon travail, admirant mes idées. Je m'imagine sur la scène d'un théâtre avec un public qui m'applaudit et j'en oublie mes propres limites humaines. À ces fantasmes de ma supériorité, Évagre oppose la réponse de David aux serviteurs de Saül : « Je suis un homme pauvre et méprisable. » Seul celui qui a le courage d'être modeste et de reconnaître ses faiblesses atteindra la vraie grandeur. Celui qui, au contraire, construit son propre podium pour s'élever au-dessus de ses semblables va vite en tomber. En reprenant contact avec ce sol qu'il risquait de perdre dans sa soif de gloire, il est alors douloureusement confronté à sa propre position modeste.

***

«Je ne veux plus avoir affaire avec eux, ils ne sont pas de mon niveau.»

Antirrhétique 7,11

C ontre la pensée de la vaine gloire qui, avec l'intention de me tromper, me donne le conseil présomptueux de m'éloigner de la fraternité et de m'isoler à cause des frères :

Des orgueilleux ont caché pour moi un filet, pour rets ils m'ont tendu des cordes, au bord du sentier, pour moi ils ont posé des pièges.
Psaume 140,6

Lorsque nous avons réussi quelque chose, nous avons tendance à croire que nous sommes les meilleurs et que les autres ne nous arrivent pas à la cheville. Nous nous cloîtrons alors dans notre supériorité et ne voulons plus rien entendre de nos semblables. Il nous semble que nous n'avons plus rien à leur dire et que nous ne pouvons nous entretenir que de banalités avec eux. Nous ne nous apercevons pas qu'en nous enfermant ainsi en nous-mêmes et en nous isolant des autres, nous

obtenons le contraire de ce que nous souhai-
tions : être admirés. Si de telles pensées nous
animent, répétons-nous le verset du psaume :
« Des orgueilleux ont caché pour moi un
filet. » L'orgueilleux ne sera ni admiré ni
envié et souffrira de sa solitude. À un homme
qui ne trouvait dans son entourage personne
avec qui échanger, C.G. Jung n'a-t-il pas dit :
« Si vous êtes suffisamment modeste, vous ne
resterez jamais seul. »

***

«Je ne m'en mêle pas. Je ne sais même pas pourquoi ils se battent et puis ça ne me regarde pas.»

Antirrhétique 7,21

Contre la pensée de la vaine gloire qui nous contraint de parler quand cela n'est pas convenant, et nous conseille de nous taire lorsqu'il faudrait parler :

Il y a un temps pour se taire et un temps pour parler.
Ecclésiaste 3,7

Il y a ceux qui n'arrêtent pas de parler et qui veillent, dans un débat, à avoir le plus long temps de parole. Ils interrompent constamment leurs interlocuteurs pour s'imposer. Ils exercent leur pouvoir en parlant. Et puis il y a ceux qui exercent le leur en se taisant et qui restent silencieux alors qu'il faudrait qu'ils parlent. Quand on les interroge, ils s'entourent d'un silence mystérieux, ce qui agace leurs semblables, car en se taisant, ils leur signalent qu'ils ne veulent pas s'abaisser à répondre à des questions aussi banales. Ceux qui parlent trop comme ceux qui se taisent, devraient mettre à profit le sage enseignement de l'Ecclésiaste : « Il y a un temps pour se taire et un temps pour parler. » Je dois savoir intuitivement quand il est opportun que je parle et à quel moment, au contraire, le silence est d'or. Me taire ou parler dépend toujours de la situation dans laquelle je me trouve.

***

Pour faire réfléchir ceux qui œuvrent activement dans l'Église.

Antirrhétique 7,29

Contre la pensée vaniteuse de celui qui préfère enseigner aux frères les commandements de Dieu plutôt que de les mettre lui-même en pratique :

Celui qui violera un seul de ces commandements les plus petits et enseignera aux hommes à faire ainsi sera déclaré le plus petit dans le royaume des Cieux ; mais celui qui pratiquera et enseignera, celui-là sera déclaré grand dans le royaume des Cieux.
Matthieu 5,19

Les plus grands moralistes ne furent pas toujours ceux qui mettaient en pratique ce qu'ils attendaient des autres. En confrontant leurs semblables à leurs parts d'ombre, ils masquaient leur propre peur de se confronter aux leurs. Ils pestaient contre le mal par crainte du mal qui existait en leur cœur. Ils exigeaient des autres le respect des commandements parce qu'ils voulaient échapper à leur propre désordre intérieur. Mais la vérité nous rattrape toujours. Nous qui sommes investis de la charge de prêcher avons le devoir d'annoncer les commandements de Dieu, mais ne devons pas perdre de vue la parole de Jésus selon laquelle est grand celui qui les enseigne et les pratique. Si je cherche moi-même à mettre en œuvre les commandements divins, je parlerai toujours de leur observation avec humilité, au lieu de brandir la menace ou d'en appeler à un perfectionnisme euphorique en m'élevant au-dessus de ma propre condition humaine.

***

« Mais j'ai immédiatement ajouté que le don que je faisais ne devait être investi que dans la construction de la fontaine... »

Antirrhétique 7,30

C ontre la pensée vaniteuse de celui qui se prévaut de la justice, mais qui rend l'esprit tortueux :

Gardez-vous de pratiquer votre justice devant les hommes pour en être remarqués ; sinon, certes, vous n'aurez pas de salaire auprès de votre Père qui est dans les cieux. Lors donc que tu fais l'aumône, ne le claironne pas devant toi, comme font les hypocrites dans les synagogues et dans les rues, afin d'être glorifiés par les hommes. En vérité je vous le dis : ils ont touché leur salaire.

Matthieu 6,3

Les latinistes disent : *Fiat justitia – pereat mundus* (Que la justice s'accomplisse, le monde dût-il s'effondrer). Mais une telle justice se transforme en son contraire. Dans le roman de Heinrich von Kleist, Michael Kohlhaas aspire à une justice absolue et commet pourtant de grandes injustices. Les valeurs donnent consistance à notre vie. Cela est vrai aussi pour la justice qui veut nous rendre droits. Mais en voulant vivre les valeurs idéales, nous risquons toujours de passer outre nos propres parts d'ombre. Nous pensons être justes, mais, en réalité, nous ne rendons pas justice aux hommes, nous ne sommes soucieux que de notre autojustification. Notre lutte en faveur de la justice absolue nous rend aveugles et nous empêche de voir les côtés iniques de notre propre cœur. La parole de Jésus nous invite à ouvrir les yeux en attirant notre attention sur la justice intérieure et silencieuse de notre cœur.

***

Pour ceux qui pratiquent le jeûne.

Antirrhétique 7,32

Contre la pensée vaniteuse qui me pousse à afficher un visage sinistre afin de rendre public mon jeûne, de sorte que ma raison, lorsqu'elle est détachée et libérée des tentations de gloutonnerie, est encore enchaînée et emprisonnée par la pensée de la vaine gloire. Les démons impurs sont ici à l'action pour troubler la raison et l'empêcher de se tourner vers Dieu afin de se libérer de ces pensées :

Lorsque vous jeûnez, ne prenez pas un air sombre comme les hypocrites, qui se défigurent le visage afin de faire figure aux yeux des hommes de gens qui jeûnent. En vérité je vous le dis : ils ont touché leur salaire.
Matthieu 6,16

Laissez-moi vous raconter une belle histoire. Un homme qui passait pour un grand pratiquant du jeûne, se rendit chez un vénérable moine – qui le laissa prier dehors, à la porte de sa cellule, tandis que lui-même prenait son frugal repas. À ce moment, tenté par le démon, le jeûneur ne pouvant plus maîtriser sa faim, s'adressa au Père : «Chez moi, je peux jeûner toute une semaine, mais ici, la faim me vrille l'estomac.» Et le vieux moine lui répondit : «Chez toi, tu te nourris de l'admiration de tes semblables. Retourne chez toi et apprends à vivre dans la juste mesure.» L'ascèse tend parfois à la performance et même à la compétition, et cette recherche de gloire fausse son objectif premier. Le jeûneur qui en arrive là n'est pas libéré de son ego ; au contraire, il se gonfle d'orgueil. Que celui qui est animé par de telles pensées se rappelle la parole de Jésus selon laquelle le jeûne doit se pratiquer dans la discrétion, car en jeûnant, nous voulons nous ouvrir pour Dieu.

***

« Je travaille au moins onze heures par jour. On ne peut pas faire autrement si l'on veut faire du bon travail. »

Antirrhétique 7,38
Contre la pensée vaniteuse de celui qui veut tirer une gloire du mal qu'il se donne à accomplir sa tâche :

Celui donc qui se vante, qu'il se vante du Seigneur.
2 Corinthiens 10,17

Bien accomplir son devoir et son travail est une bonne chose. Mais travailler, c'est servir l'autre et je falsifie ce sens si je travaille pour me mettre moi-même en valeur et prouver à mes semblables que je me dépense beaucoup, et avec succès. Je ne suis plus alors au service de l'autre, mais au service de mon propre ego. Il ne s'agit pas alors de ce travail que les moines ont compris comme voie spirituelle, mais de celui qui vaut pour ma propre gloire et non pour celle de Dieu ni pour celle des hommes. En m'imprégnant de la parole de saint Paul : « Celui qui se vante, qu'il se vante du Seigneur », je vais pouvoir réduire lentement au silence ces tentations vaniteuses qui me poussent à mettre en avant mes performances.

***

« Ce week-end de méditation m'a tellement apporté sur le plan spirituel!... »

Antirrhétique 7,41

Contre la pensée vaniteuse qui nous pousse à enseigner le salut de l'âme ou la connaissance de la vérité sans les posséder nous-mêmes :

Ne soyez pas nombreux, mes frères, à devenir docteurs, vous savez que nous n'en serons jugés que plus sévèrement. Car en bien des points, nous chutons tous. Si quelqu'un ne chute pas en parole, celui-là est un homme parfait, capable de refréner le corps entier; quand nous mettons un frein dans la bouche des chevaux pour nous en faire obéir, nous dirigeons leur corps entier.
Jacques 3,1-3

Aujourd'hui, les manuels de conseils abondent et les auteurs sont nombreux à penser qu'ils ont découvert la pierre philosophale. Ils s'érigent en exemples et montrent comment la vie peut réussir. Mais quand on les rencontre personnellement, ils font plutôt preuve d'un rayonnement négatif. On sent qu'ils préfèrent instruire les autres plutôt que se plonger dans l'enseignement de la sagesse et dans l'enseignement de Jésus. Il peut se trouver aussi des zélateurs religieux qui prêchent aux autres la manière de vivre, et leur disent que Jésus résoudra tous leurs problèmes. Mais si on leur porte plus grande attention, on s'aperçoit qu'ils ne sont pas capables de prendre leur vie à bras le corps et que c'est pour eux une façon de fuir leurs propres problèmes. Ceux-là qui se disent «conseillers», Évagre les renvoie aux mots sobres de Jacques qui nous met en garde contre le danger de parler inconsidérément et de toujours faire la leçon aux autres.

« Tout orgueil est une défense, la défense d'une place vide. »

Karl Ludwig von Knebel

L'ORGUEIL

À l'intention d'anciens fumeurs reconvertis.

Antirrhétique 8,2

Contre une pensée orgueilleuse qui me glorifie et me porte aux nues comme si je ne laissais plus prise aux tentations impures :

Abraham prit la parole et dit : « Voici que j'ose parler à mon Seigneur, moi qui suis poussière et cendre ! »
Genèse 18,27

Nombreux sont ceux qui, s'étant débarrassés d'une dépendance, pensent qu'ils vont entamer une vie totalement nouvelle. Le fumeur, par exemple, qui croit qu'il en a fini pour toujours avec la cigarette, ou l'alcoolique qui pense qu'il va rester sobre à vie, ou encore le lève-tard qui se transforme en lève-tôt. Mais ces convertis se mettent ensuite à lutter avec véhémence contre ceux qui sont encore sous l'emprise de ces dépendances. L'agressivité dont ils font preuve alors montre qu'ils n'ont pas encore complètement résolu leur problème. Certes, ils l'ont combattu, mais la dépendance est toujours en eux et peut à tout moment refaire surface. Certaines se déplacent : vaincre un défaut peut parfois empêcher d'en détecter un autre qui surgit. Il n'est pas si facile de changer de peau. Nous sommes en mesure d'améliorer des choses en nous, certaines peuvent être transformées dans la rencontre avec Dieu. Mais nous devons toujours reconnaître avec Abraham : Je viens seulement de commencer ; je suis encore un débutant ; je ne dois jamais oublier que je suis poussière et cendre. Il ne m'appartient pas de m'élever au-dessus de tous mes défauts et de toutes mes tentations, ils peuvent à chaque instant venir me hanter.

***

« Mais enfin, les anciens n'ignoraient-ils pas tout du stress ? »

Antirrhétique 8,8

Contre la pensée de l'orgueilleux qui nous conseille de mépriser nos saints ancêtres sous le prétexte que leur mode de vie n'était pas plus pénible que le nôtre :

Devant les cheveux blancs tu te lèveras, tu honoreras la face du vieillard ; ainsi tu auras crainte de ton Dieu : je suis YHWH !
Lévitique 19,32

Pensons par exemple au nouveau patron de l'entreprise qui dénigre celui à qui il succède ; ou à l'évêque qui dit que son prédécesseur a mal géré son diocèse. En critiquant ainsi ceux qui m'ont précédé, je me déprécie moi-même et cela est aussi vrai pour toute communauté. Lorsqu'une famille décrie ses ancêtres, elle se coupe de ses propres racines. Quand une communauté monastique critique les premiers moines en leur reprochant d'avoir eu la vie facile, elle perd de sa force. Ce sont les racines de nos aïeux qui nous font vivre. En les salissant, nous freinons la force qui en émane et tend à sourdre en nous. Pensons à la mise en garde du Lévitique qui nous exhorte à nous lever devant un vieillard et à l'honorer. Car en fin de compte, honorer nos ancêtres, c'est respecter notre propre origine.

***

« Il faisait la plonge et est devenu millionnaire. » À l'intention des adeptes du rêve américain.

Antirrhétique 8,25

Prière au Seigneur pour qu'il vienne en aide à l'orgueilleux qui dénie l'aide de Dieu et impute la victoire à sa propre force :

Ce n'est pas en mon arc que je me confie et ce n'est pas mon glaive qui me fait vainqueur, mais c'est toi qui nous sauves de nos adversaires et qui confonds ceux qui nous haïssent.
Psaume 44,7-8

Nous attribuons souvent notre réussite à notre énergie et à notre compétence. Nous avons fait quelque chose de notre vie parce que nous nous sommes donné du mal. Nous imaginons que le succès nous revient à nous seuls et que nous sommes au-dessus des autres. Pour lutter contre ces pensées – que nous connaissons tous dès lors que nous nous comparons à nos semblables – Évagre propose ce verset du psaume : « Ce n'est pas en mon arc que je me confie et ce n'est pas mon glaive qui me fait vainqueur. » En d'autres termes, ce n'est pas à mes compétences que je dois finalement la réussite de ma vie, mais à la bénédiction de Dieu. L'énergie dont je fais preuve, je l'ai reçue de Dieu. Je ne pourrai considérer mon succès avec reconnaissance que si je suis reconnaissant à Dieu de ses grâces. Mes réussites sont toujours des cadeaux de Dieu ; elles ne proviennent jamais de mon seul mérite. Dans la reconnaissance, je peux être fier de ce que j'ai accompli, mais, au lieu de me glorifier moi-même, je dois toujours louer celui qui m'a offert tous les dons que je possède.

***

« Quels conseils pourrait-il me donner ? Il est lui-même en pleine crise de la quarantaine ! »

Antirrhétique 8,33

Contre une pensée orgueilleuse qui m'em- pêche d'aller rendre visite à mes frères qui ne sont pas plus avancés que moi dans la connaissance :

Va avec les sages et tu deviendras sage.
Proverbes 13,20

La parole de l'Écriture montre les frères sous une autre lumière et démasque mon juge- ment sur eux comme arrogant et orgueilleux. Il apparaît clairement qu'une même pensée peut être dictée par un démon ou par un ange.

Dans le vice de l'acédie, le moine doit résister à la tentation de se rendre chez ses frères pour éviter de suivre de faux motifs en se disant qu'il apprendrait d'eux. Mais dans celui de l'orgueil, Évagre lui conseille de s'y rendre pour écouter les leçons qu'ils pourraient lui donner, car rester enfermé en pensant venir seul à bout de ses problèmes serait une fierté mal placée. Il faut donc toujours discerner exactement qui m'inspire ces pensées. Une pensée peut être bonne si elle m'est soufflée par un ange, ou mauvaise si elle me vient d'un démon. C'est mon état intérieur qui me permet de faire la distinction ; selon que je suis serein ou, au contraire, troublé. Les pensées qui viennent des démons provoquent en effet toujours l'agitation et le désarroi ; celles qui viennent d'un ange apportent toujours le calme, la joie et la paix intérieure.

***

« Alors toi, tu as vraiment un problème avec ta jalousie ! Nous n'avons fait que parler, ta femme n'est vraiment pas bien et aurait besoin de quelqu'un à qui en parler. »

Antirrhétique 8,33
Contre les pensées orgueilleuses qui me font voir les péchés de mes frères :

Ne prête pas attention à toutes les paroles que l'on dit, de peur d'entendre ton serviteur te maudire.
Ecclésiaste 7,21

Il s'agit ici d'une tentation qui se donne souvent l'apparence du bien. Je me fais des soucis pour le salut d'un frère et, me considérant comme un bon connaisseur de l'âme humaine, je prétends dénicher ses fautes. Je pense discerner ses motifs les plus intimes et avoir découvert son problème le plus profond. J'en parle alors sur un ton préoccupé sans me rendre compte que ma propre motivation n'est pas le souci du frère ni une quelconque solidarité avec lui. En effet, si c'était le cas, je passerais ses péchés sous silence pour simplement y compatir. Au lieu de cela, je tiens à fouiner dans ses recoins obscurs, sans prendre du tout conscience qu'en fin de compte, je fouille dans ma propre obscurité que je ne vois ni n'accepte. Il est toujours plus facile de la projeter dans l'autre plutôt que de la découvrir en soi-même : l'orgueil m'en empêche. La parole tirée de l'Ecclésiaste qu'Évagre recommande de méditer pour contrer cette tentation démasque la projection : je ne dois pas prêter l'oreille aux racontars sous peine d'entendre aussi mon propre serviteur se plaindre de moi-même, de me rendre subitement compte que les autres disent exactement de moi ce que je dis d'eux, et que les saletés que j'ai soulevées en fouinant risquent de retomber sur moi et de rendre les autres plus clairvoyants quant à mes propres zones d'ombre.

***

Pour ceux qui pensent que tout ce qui est nouveau est forcément séduisant.

Antirrhétique 8,52

Contre la pensée orgueilleuse qui se considère elle-même comme juste et n'est pas bienveillante vis-à-vis de quelque chose qui a été fait par les frères par faiblesse :

Parce que quiconque s'élève sera abaissé, et celui qui s'abaisse sera élevé.
Luc 14,11

L'entraîneur d'une équipe sportive qui qualifie de minable son prédécesseur va très vite apprendre que le « tout nouveau tout beau » ne dure qu'un temps. De même, celui qui, dans l'entreprise, pense que tous ses collaborateurs sont limités et que, parce qu'il est arrivé, tout va aller mieux, va vite se rendre compte que, sans eux, il ne peut rien construire de solide. Si je les dévalorise pour me valoriser moi-même, je ne pourrai rien attendre de positif d'eux. Avec mon arrogance, je vais droit à l'échec et vite m'apercevoir que toute tentative de faire mieux que ceux qui m'ont précédé se heurte à des limites. Je dois faire mon travail et m'acquitter de ma fonction dirigeante aussi bien que possible, et demander la bénédiction de Dieu. Mais je ne dois jamais me mettre sur un piédestal si je ne veux pas subir le même sort que mon prédécesseur. Un chef qui ne médit pas sur ceux qui étaient à sa place et ne les blâme pas va obtenir de la même équipe un investissement nouveau, parce qu'il va se concentrer sur ces acteurs concrets et ne pas tourner seulement autour de la propre personne et de sa propre grandeur.

***

«Regarde cette espèce de goinfre! Ces gens-là ne savent même pas se contrôler!»

Antirrhétique 8,54

Contre cet orgueil qui conduit à penser que celui qui mange n'a pas la maîtrise de son âme:

Que celui qui ne mange pas ne juge pas celui qui mange!
Romains 14,3

«Ce que nous n'avons pas en nous ne nous émeut pas» trouve-t-on sous la plume de Hermann Hesse. Si je m'insurge contre celui qui mange trop et me crois supérieur à lui, si je raconte à qui veut l'entendre qu'il ne sait pas se dominer, c'est finalement de moi que je parle et de ma propre incapacité à me maîtriser. J'en suis peut-être capable en matière de nourriture, mais il y a très certainement en moi des domaines sur lesquels je n'ai pas le dessus, des besoins qui me gouvernent, ne serait-ce que ma vanité et mon orgueil. Saint Benoît déjà reconnaissait qu'il existait des membres de sa communauté qui se glorifiaient d'avoir poussé très loin leur ascèse. C'est pourquoi on peut lire dans sa règle : « Que celui qui peut se passer de moins que les autres en rende grâce à Dieu et n'en ait aucune peine » (34,3). Celui-là ne se compare pas aux autres et ne se situe pas au-dessus d'eux, mais doit plutôt remercier Dieu de n'avoir que peu de besoins. Évagre exhorte celui qui ne mange pas à ne pas juger celui qui mange trop, à se retenir de toute considération, de tout jugement et de toute appréciation. Ainsi seulement, il trouvera la paix.

***

« Depuis que je pratique la médi-tation tous les matins, je suis par-venu totalement en mon centre. Le monde m'est devenu tout simple-ment indifférent. »

Antirrhétique 8,55

Contre cette fière pensée qui me pousse à me glorifier de ce que la prière non seulement m'a délivré de l'assujettissement à mon ventre, mais a pris aussi le dessus sur ma colère :

C'est par la grâce de Dieu que je suis ce que je suis, et sa grâce envers moi n'a pas été vaine : j'ai peiné plus qu'eux tous, non pas moi, certes, mais la grâce de Dieu qui est avec moi.
1 Corinthiens 15,10

Dès que l'on progresse dans la vie spirituelle, on pense être au-dessus de tous les besoins matériels. Je n'ai plus de problèmes avec la nourriture, ni non plus avec mon irascibilité et ma colère. Celui qui se félicite ainsi n'est pas à l'abri d'une attaque de boulimie ; et si quelqu'un s'avise de le critiquer rudement, il n'est pas sûr du tout qu'il puisse maîtriser sa colère. Nous ne devons jamais nous glorifier d'être parvenu à quelque chose, tant nous pouvons vite être rattrapés par ce que nous croyons avoir vaincu. Nous devons être reconnaissants de pouvoir en ce moment maîtriser notre besoin de nourriture, et de ne plus sentir de colère en nous. Mais, avec saint Paul, nous ne devons jamais oublier que nous n'y sommes parvenus qu'avec la grâce de Dieu. Si nous pensons ne devoir ce succès qu'à nous-mêmes, si nous ne nous en remettons pas à la grâce de Dieu et ne faisons confiance qu'à notre propre force, nous nous apercevrons vite que tout ce que nous avons vaincu peut s'effondrer à nouveau.

Table

Cet ouvrage a été composé par
Atlant'Communication
au Bernard (Vendée)

Achevé d'imprimer en septembre 2014
sur les presses de Normandie Roto Impression s.a.s.
61250 Lonrai
pour le compte des Éditions Salvator

Imprimé en France
N° d'impression : 1403381
Dépôt légal : septembre 2014